ARTE e Habilidade
EDUCAÇÃO INFANTIL

Volume 1

ANGELA ANITA CANTELE
FORMADA PELA FACULDADE DE BELAS ARTES DE SÃO PAULO EM ARTES PLÁSTICAS E BACHAREL EM DESENHO. CURSO DE DESIGN DE INTERIORES PELA ESCOLA PANAMERICANA DE ARTE E DESIGN. CURSOS DE ARTESANATO, DOBRADURA, PINTURA EM TELA E AQUARELA. ESPECIALIZAÇÃO DE PINTURA EM SEDA PURA. CURSO DE HISTÓRIA DA ARTE EM FLORENÇA E VENEZA, ITÁLIA. ESCRITORA DE LIVROS DIDÁTICOS E PARADIDÁTICOS, ARTE-EDUCADORA.

BRUNA RENATA CANTELE
MESTRE EM EDUCAÇÃO E HISTORIADORA. SO DE DESENHO ARTÍSTICO E PUBLICITÁRIO DR. PAULO SILVA TELLES. CURSO DE HISTÓRIA DA ARTE EM FLORENÇA E VENEZA, ITÁLIA. ORIENTADORA EDUCACIONAL, CONSULTORA E ASSESSORA PEDAGÓGICO-ADMINISTRATIVA EM COLÉGIOS DA REDE PARTICULAR DE ENSINO. ESCRITORA DE LIVROS DIDÁTICOS E PARADIDÁTICOS.

1ª edição
São Paulo
2016

Coleção Arte e Habilidade
Arte – Volume 1
© IBEP, 2016

Diretor superintendente	Jorge Yunes
Diretora editorial	Célia de Assis
Gerente editorial	Maria Rocha Rodrigues
Coordenadora editorial	Simone Silva
Assessoria pedagógica	Mirian Gaspar
Editor	Jefferson Cevada
Assistentes editoriais	Adriana Ribas, Alice Ramos, Diego Ruiz, Fernanda Santos
Revisão	Beatriz Hrycylo, Luiz Gustavo Bazana, Salvine Maciel
Secretaria editorial e Produção gráfica	Fredson Sampaio
Assistente de secretaria editorial	Mayara Silva
Assistentes de produção gráfica	Elaine Nunes, Marcelo Ribeiro
Coordenadora de arte	Karina Monteiro
Editora de arte	Marilia Vilela
Assistentes de arte	Aline Benitez, Gustavo Prado Ramos
Assistentes de iconografia	Victoria Lopes, Wilson de Castilho
Ilustrações	Bruna Ishihara, MW Ilustrações, Shutterstock
Crédito de capa	Estúdio Gustavo Rosa
Processos editoriais e tecnologia	Elza Mizue Hata Fujihara
Projeto gráfico e capa	Departamento de Arte – IBEP
Diagramação	Departamento de Arte – IBEP

1ª edição – São Paulo – 2016

CIP-BRASIL. CATALOGAÇÃO NA PUBLICAÇÃO
SINDICATO NACIONAL DOS EDITORES DE LIVROS, RJ

C231a
v. 1

Cantele, Angela Anita
Arte e habilidade / Angela Anita Cantele, Bruna Renata Cantele. -
1. ed. - São Paulo : IBEP, 2016.
: il.   (Arte e habilidade)

ISBN 978-85-3424-842-6 (professor)   978-85-3424-841-9 (aluno)

1. Educação artística - Estudo e ensino. 2. Educação de crianças
I. Cantele, Bruna Renata. II. Título. III. Série.

16-35970   CDD: 372.5
                                                  CDU: 373.3:7

30/08/2016 02/09/2016

Todos os direitos reservados.

Avenida Doutor Antônio João Abdalla, 260 – Bloco 400, Área D, Sala W1
Bairro Empresarial Colina – Cajamar – SP – 07750-020 – Brasil
Tel.: (11) 2799-7799
www.editoraibep.com.br   editoras@ibep-nacional.com.br

Impressão - Gráfica Mercurio S.A. - Agosto 2024

OLÁ!

ESTE LIVRO É UM CONVITE PARA VOCÊ ENTRAR NO MUNDO DA ARTE! COM ELE, VOCÊ VAI CONHECER MAIS SOBRE AS CORES E FORMAS, SE DIVERTIR COM SONS E RITMOS, APRENDER A DESENHAR, PINTAR, MODELAR, CANTAR E DESENVOLVER ATIVIDADES COM ALGUMAS TÉCNICAS PARA FAZER ARTE, COMO A PINTURA, O DESENHO, A COLAGEM. VAI CONHECER TAMBÉM ALGUNS ARTISTAS E SUAS OBRAS. BONS TRABALHOS!

COM CARINHO,

ANGELA E BRUNA

USO DO MATERIAL

PARA DESENHAR OU FAZER ARTE, UTILIZAMOS PAPÉIS DIVERSOS, LÁPIS GRAFITE, LÁPIS DE COR E AQUARELÁVEL, BORRACHA, RÉGUA, APONTADOR, TESOURA E COLA, GIZ DE CERA, PINCEL, TINTAS GUACHE, PLÁSTICA E ACRÍLICA, COLA *GLITTER*, ARGILA, CANETA HIDROCOR E VÁRIOS OUTROS.

CUIDE BEM DE SEU MATERIAL, MANTENDO-O LIMPO E ORGANIZADO.

TROQUE IDEIAS COM OS COLEGAS E OBSERVE COM ATENÇÃO O TRABALHO DELES – VOCÊ ESTARÁ DESENVOLVENDO SEU LADO ARTÍSTICO!

MATERIAIS

 ARGILA/ MASSA DE MODELAR

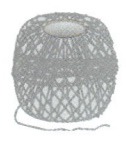 BARBANTE/LÃ

 BORRACHA

 CANETA HIDROCOR

 COPO COM ÁGUA

 COLA BASTÃO

 COLA *GLITTER*

 COLA LÍQUIDA

 FITA ADESIVA

 GIZ DE CERA

 LÁPIS DE COR

 LÁPIS DE COR AQUARELÁVEL

 LÁPIS GRAFITE

 MATERIAIS DIVERSOS

 PANO/ TECIDO

 PAPÉIS DIVERSOS/ REVISTAS E JORNAIS

 PINCEL

 RÉGUA

 TESOURA COM PONTA ARREDONDADA

 TINTA GUACHE/ TINTA ACRÍLICA/ TINTA PARA PINTURA A DEDO

SUMÁRIO

Ficha	Tipo	Título	Página
1	PINTURA	As cores	9
2	EXPRESSÃO CORPORAL E PINTURA	O corpo	10
3	PINTURA E COLAGEM	Técnica mista	11
4	OBSERVAÇÃO DE OBRAS DE ARTE	A arte de Gustavo Rosa	12
5	PINTURA	Fazendo arte com Gustavo Rosa	13
6	EXPRESSÃO MUSICAL, RECORTE E COLAGEM	Os diferentes sons	14
7	DESENHO E PINTURA	Formas	16
8	EXPRESSÃO CORPORAL	A mão direita	17
9	EXPRESSÃO CORPORAL	A mão esquerda	18
10	PINTURA	A cor vermelha	19
11	RECORTE, COLAGEM E PINTURA	Para completar o todo	20
12	PINTURA	Pintura com tinta guache	21
13	PINTURA	A cor azul	22
14	OBSERVAÇÃO DE OBRAS DE ARTE E PINTURA	A arte de Juan Miró	23
15	PINTURA	Fazendo arte com Juan Miró	24
16	PINTURA	Cores e códigos	25
17	EXPRESSÃO MUSICAL E PINTURA	Música é alegria	26
18	EXPRESSÃO CORPORAL, DESENHO E PINTURA	Noções corporais: a cabeça	27
19	OBSERVAÇÃO DE OBRAS DE ARTE	O rosto na arte	28
20	PINTURA	A cor amarela	29
21	PINTURA SOBRE LIXA	Textura	30
22	PINTURA	A cor verde	32
23	MODELAGEM	Modelagem	33
24	COLAGEM	Colagem com papel rasgado	34
25	DESENHO E PINTURA	Expressão facial	35
26	PINTURA	A cor laranja	36
27	MONTAGEM	Quebra-cabeça	37
28	EXPRESSÃO MUSICAL E PINTURA	Instrumentos musicais	39
29	MONTAGEM COM SUCATA	Confecção de instrumentos musicais	40
30	DESENHO E PINTURA	As formas na geometria	41

SUMÁRIO

Ficha	Tipo	Título	Página
31	MONTAGEM COM SUCATA	Confecção de um porta-lápis	42
32	COLAGEM	Colagem com materiais diversos	43
33	PINTURA	O quadrado	45
34	APRECIAÇÃO MUSICAL E PINTURA	Pintura ao som da música	46
35	PINTURA	Pintura com barbante e tinta plástica	47
36	PINTURA E COLAGEM	O triângulo	48
37	PINTURA	A cor roxa	49
38	ALINHAVO	Trabalhando com lã	50
39	OBSERVAÇÃO DE OBRAS DE ARTE	A arte de Vincent van Gogh	51
40	PINTURA E COLAGEM	Fazendo arte com Vincent van Gogh	52
41	DESENHO	Teatro	53
42	PINTURA	O círculo	54
43	DESENHO E PINTURA	Linhas tracejadas	55
44	PINTURA	Diferentes texturas	56
45	EXPRESSÃO MUSICAL, CORPORAL E PINTURA	Música, ritmo e movimento	57
46	MONTAGEM COM SUCATA	Confecção de um passarinho	58
47	OBSERVAÇÃO E PINTURA	Vamos pintar as figuras na mesma ordem?	59
48	MODELAGEM	Composição com massa de modelar	60
49	COLAGEM E PINTURA	Técnica mista: fita adesiva e pintura esponjada	61
50	DOBRADURA	*Origami*: casa	62
51	PINTURA	Colorindo	64

DATAS COMEMORATIVAS

Oba, é Carnaval! 66
A Páscoa chegou 67
Dia do Índio 68
Dia das Mães 70
Dia dos Pais 71
É Primavera 72
Dia das Crianças 73
O Natal 74

ARTE E HABILIDADE

A PINTURA, A ESCULTURA, A MÚSICA, A DANÇA, O TEATRO SÃO LINGUAGENS DA ARTE.
O DESENHO, A COLAGEM, AS CORES E AS FORMAS TAMBÉM FAZEM PARTE DO MUNDO DA ARTE.

GALO AMARELO, VERMELHO E AZUL NA GRAMA (2007), DE GUSTAVO ROSA. ÓLEO SOBRE TELA, 50 cm x 40 cm.

TRABALHANDO TEXTURA.

PINTURA A DEDO.

MODELAGEM.

UMA FLOR COM ALINHAVO.

RECO-RECO FEITO COM GARRAFA PET.

AS CORES

FICHA 2 — O CORPO

FICHA 3
TÉCNICA MISTA

FICHA 4
A ARTE DE GUSTAVO ROSA

GALO AMARELO, VERMELHO E AZUL NA GRAMA (2007), DE GUSTAVO ROSA. ÓLEO SOBRE TELA, 50 cm x 40 cm.

VELAS AMARELA E VERDE BANDEIRA VERMELHA (1991), DE GUSTAVO ROSA. ÓLEO SOBRE TELA, 50 cm × 41 cm.

FICHA 5
FAZENDO ARTE COM GUSTAVO ROSA

VELAS AMARELA E VERDE BANDEIRA VERMELHA (1991), DE GUSTAVO ROSA.
ÓLEO SOBRE TELA, 50 cm × 41 cm.

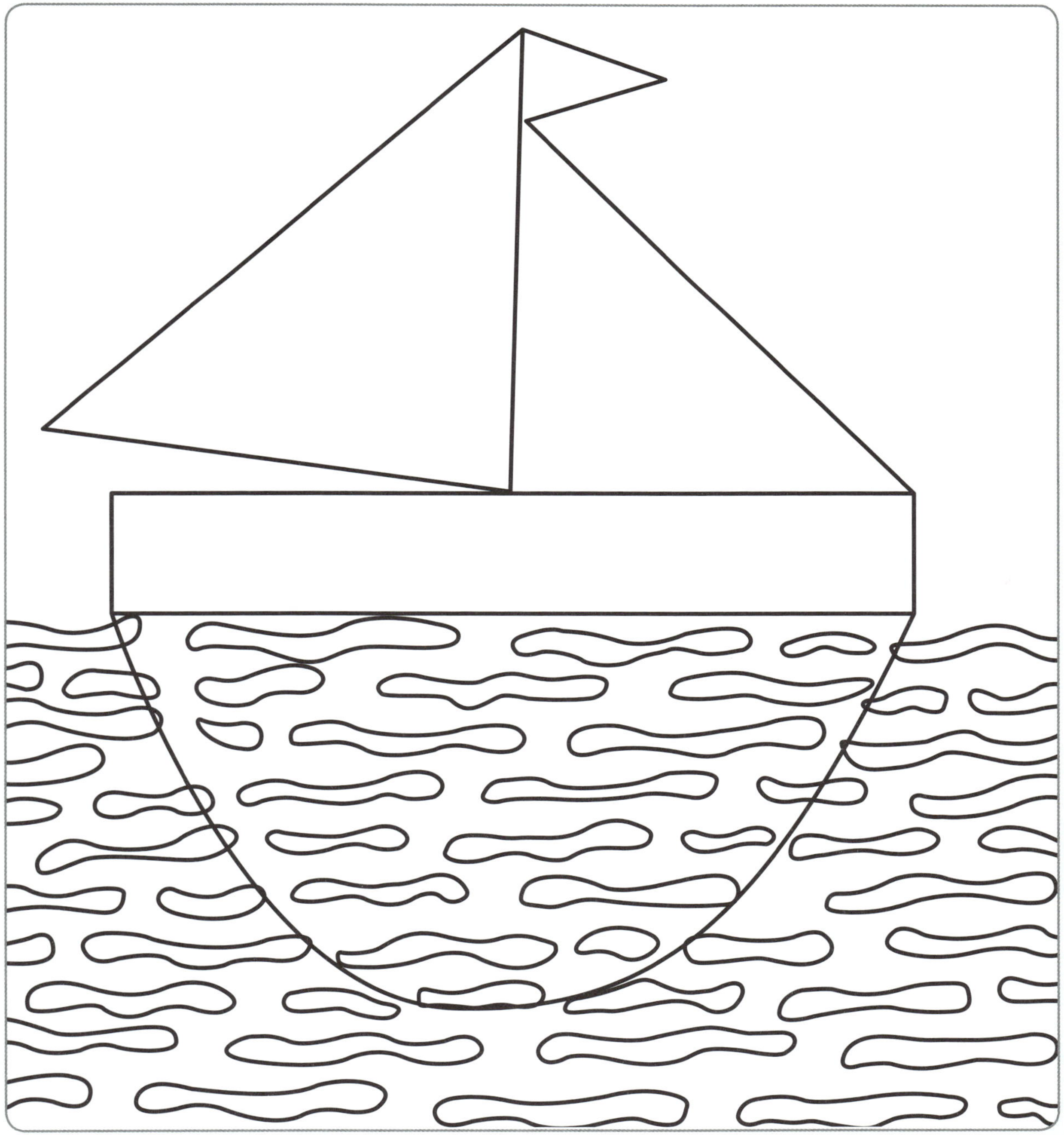

FICHA 6 — OS DIFERENTES SONS

PARTE 1

SONS AGRADÁVEIS	SONS DESAGRADÁVEIS

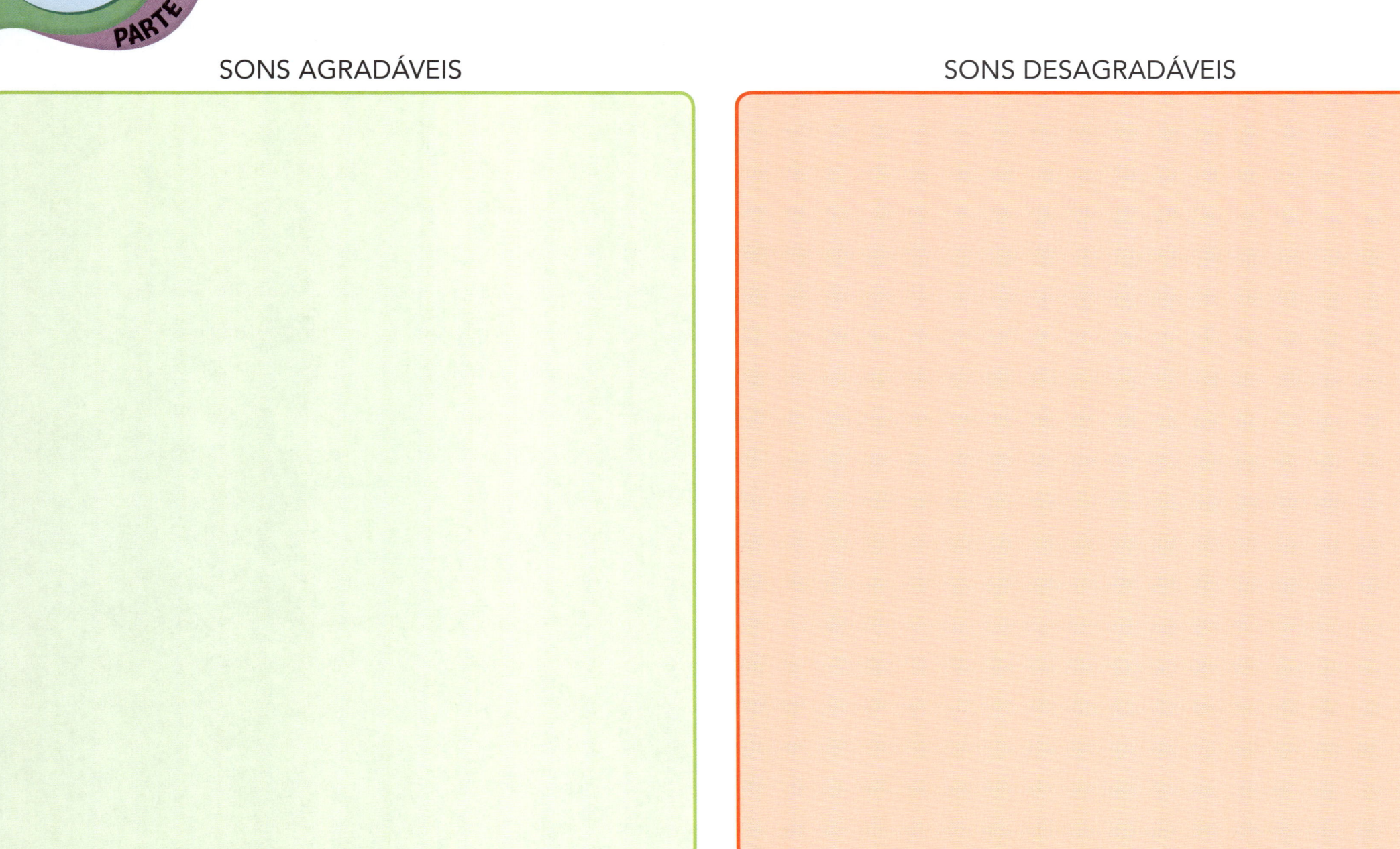

FICHA 6 — PARTE 2

OS DIFERENTES SONS

RECORTE

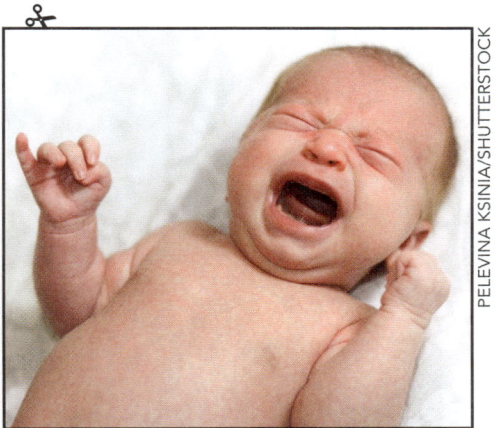

NOME: _____

# FICHA 7 — FORMAS

FICHA 8 — A MÃO DIREITA

NOME: _____

FICHA 9

A MÃO ESQUERDA

NOME: _____

FICHA 10

A COR VERMELHA

FICHA 11

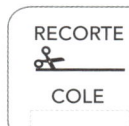

PARA COMPLETAR O TODO

RECORTE
COLE

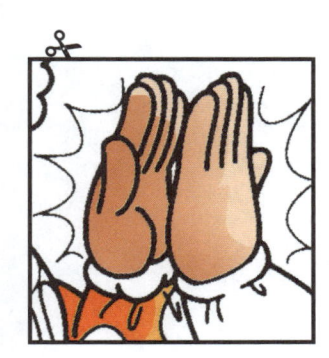

PARA COMPLETAR O TODO

FICHA 12

PINTURA COM TINTA GUACHE

NOME: _____

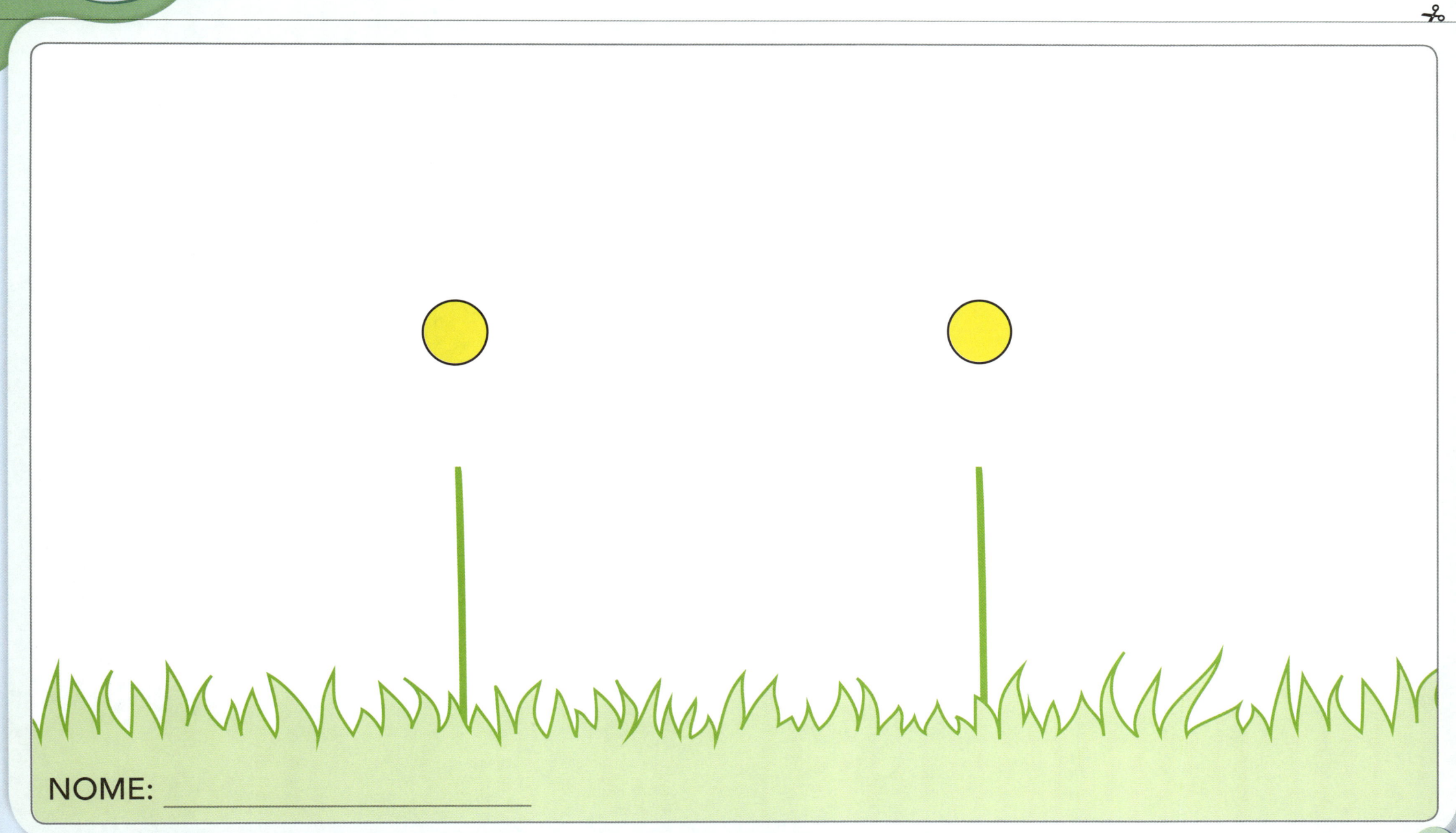

PINTURA COM TINTA GUACHE   21

FICHA 13

A COR AZUL

FICHA 14 — A ARTE DE JUAN MIRÓ

NASCER DO DIA (1968), DE JUAN MIRÓ. ÓLEO SOBRE TELA, 162 cm × 130 cm.

MULHER SENTADA 2 (1931), DE JUAN MIRÓ. ÓLEO SOBRE PAPEL, 63 cm × 46 cm.

FICHA 15
FAZENDO ARTE COM JUAN MIRÓ

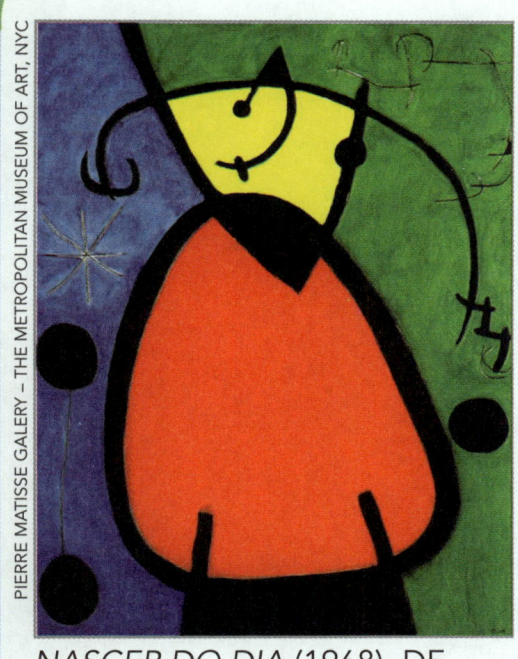

NASCER DO DIA (1968), DE JUAN MIRÓ. ÓLEO SOBRE TELA, 162 cm × 130 cm. GALERIA PIERRE MATISSE, NOVA YORK.

NOME: _____

FICHA 16

CORES E CÓDIGOS

- ■ = VERDE
- ● = MARROM
- ✚ = AMARELO
- ▲ = VERMELHO

FICHA 17

MÚSICA É ALEGRIA

FICHA 18 — NOÇÕES CORPORAIS: A CABEÇA

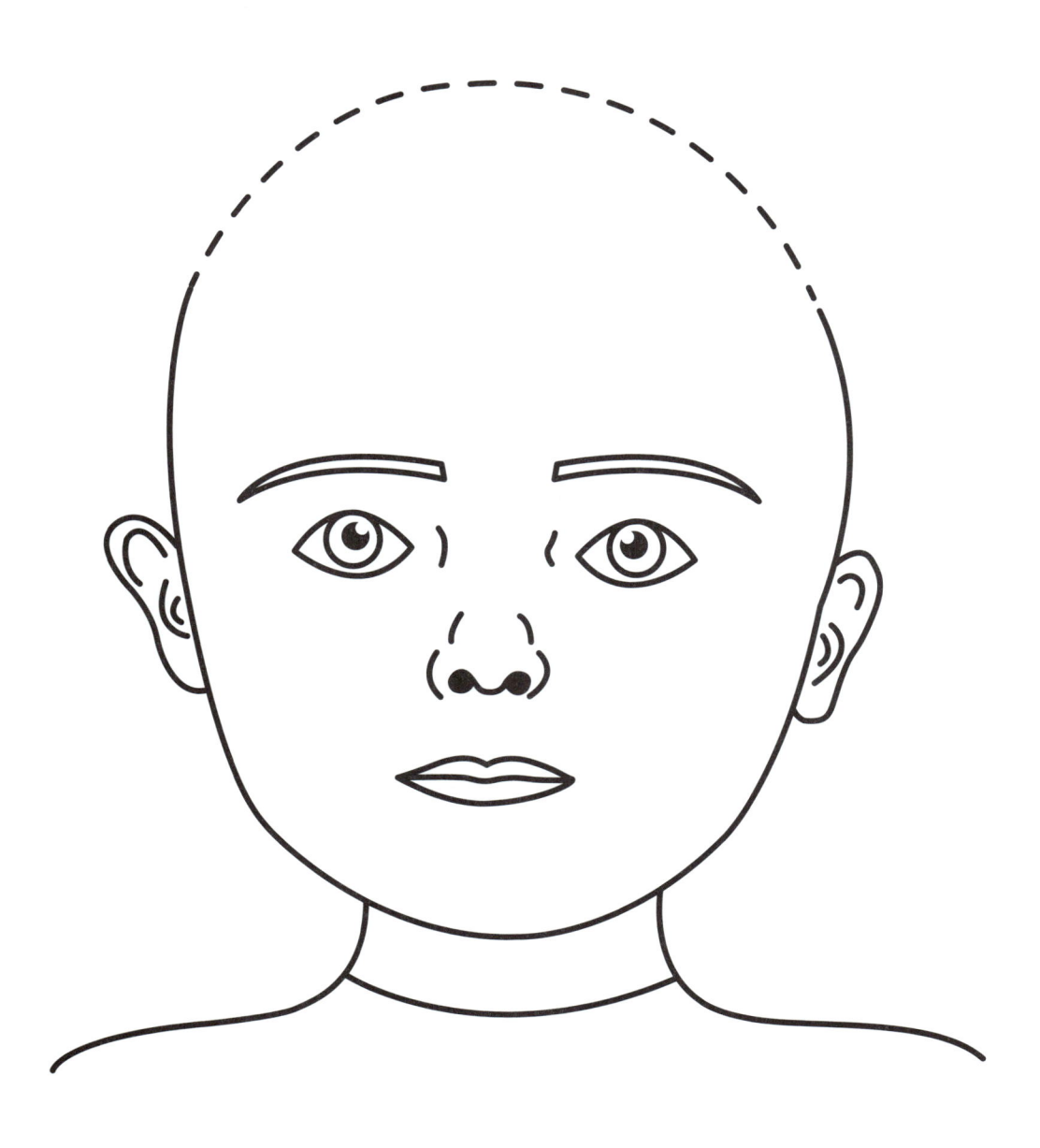

FICHA 19 — O ROSTO NA ARTE

CABEÇA DE HOMEM (1891), DE ANTÔNIO RAFAEL PINTO BANDEIRA. ÓLEO SOBRE TELA, 54 cm × 39 cm.

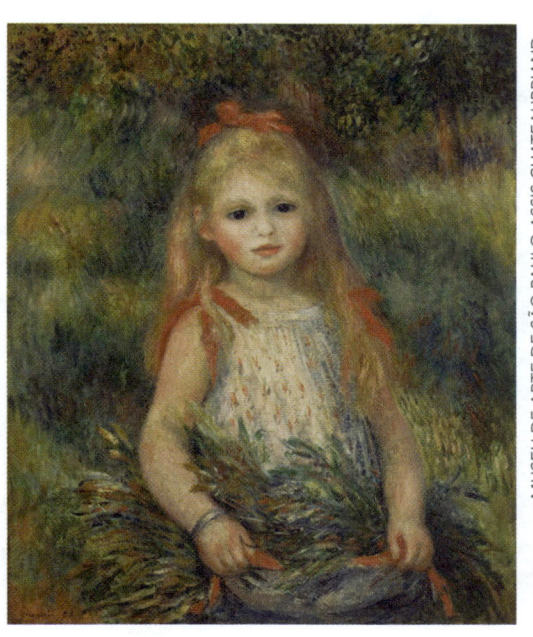

MUSEU ANTÔNIO PARREIRAS (MAP), NITERÓI

MENINA COM AS ESPIGAS (1888), DE PIERRE-AUGUSTE RENOIR. ÓLEO SOBRE TELA, 65 cm × 54 cm.

MUSEU DE ARTE DE SÃO PAULO ASSIS CHATEAUBRIAND – MASP, SÃO PAULO

MULHER COM BRINCO DE PÉROLA (1655), DE JOHANNES VERMEER. ÓLEO SOBRE TELA, 44 cm × 34 cm.

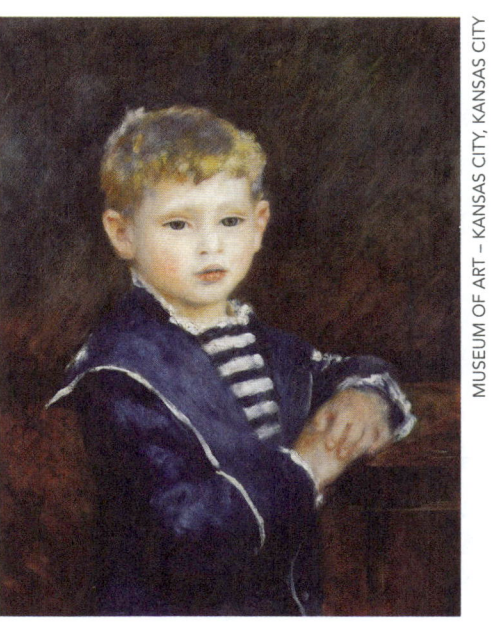

KONINKLIJK KABINET VAN SCHILDERIJEN MAURITSHUIS, DEN HAAG

RETRATO DE PAUL HAVILAND (1884), DE PIERRE-AUGUSTE RENOIR. ÓLEO SOBRE TELA, 57 cm × 43 cm.

MUSEUM OF ART – KANSAS CITY, KANSAS CITY

FICHA 20

A COR AMARELA

FICHA 21

TEXTURA

PARTE 1

RECORTE

NOME: _____

30

FICHA 21

TEXTURA

PARTE 2

RECORTE

NOME: _____

31

FICHA 22

A COR VERDE

FICHA 23

MODELAGEM

FICHA 24
COLAGEM COM PAPEL RASGADO

COLE

FICHA 25

EXPRESSÃO FACIAL

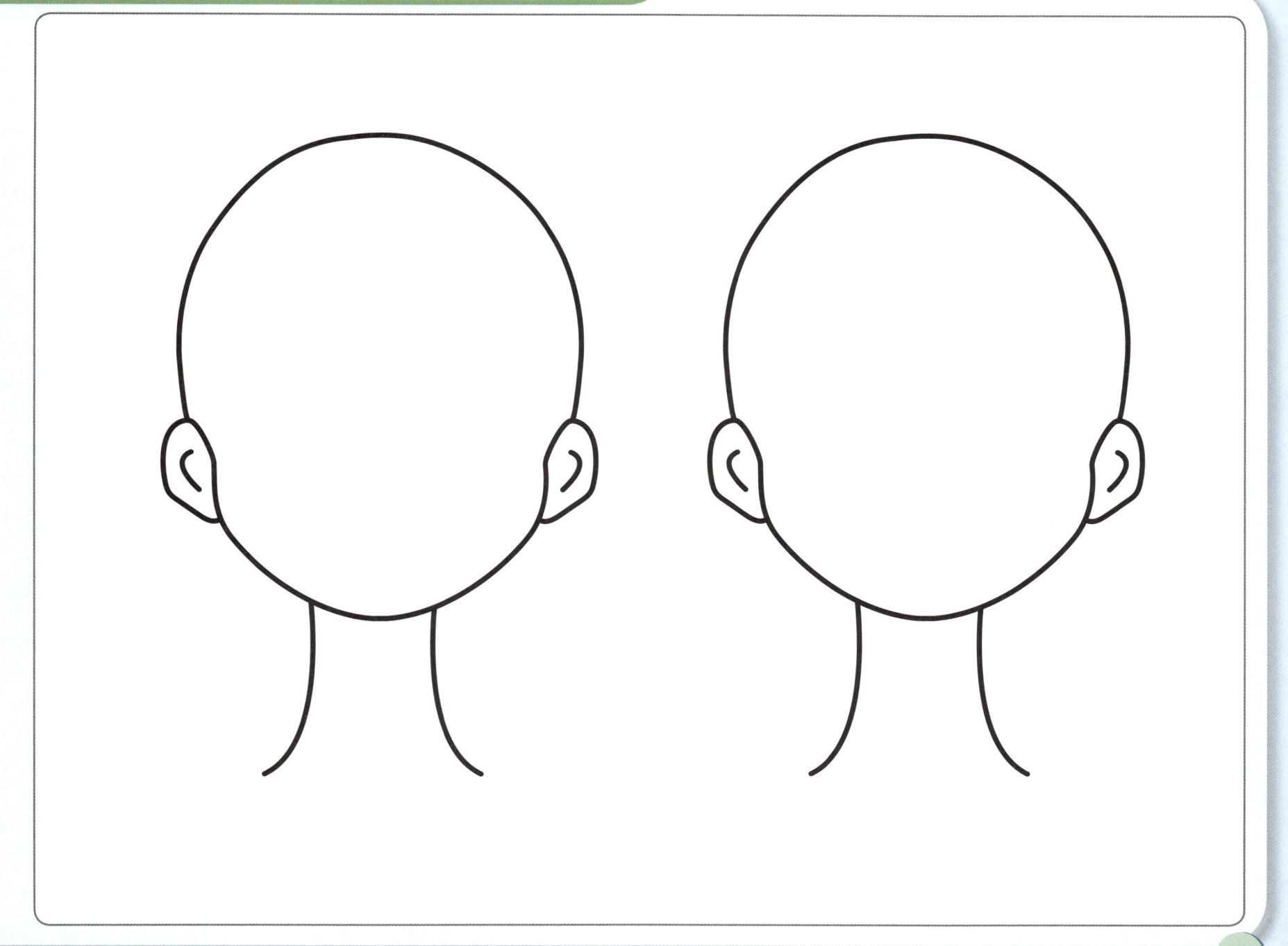

1
2
3
4

FICHA 26

A COR LARANJA

FICHA 27 — PARTE 1

QUEBRA-CABEÇA

COLE

FICHA 27 — QUEBRA-CABEÇA

PARTE 2

RECORTE

FICHA 28 — INSTRUMENTOS MUSICAIS

TROMPETE.	GUITARRA.	PANDEIRO.
VIOLÃO.	TAMBOR.	FLAUTA.

FICHA 29 — CONFECÇÃO DE INSTRUMENTOS MUSICAIS

RECO-RECO FEITO COM GARRAFA PET

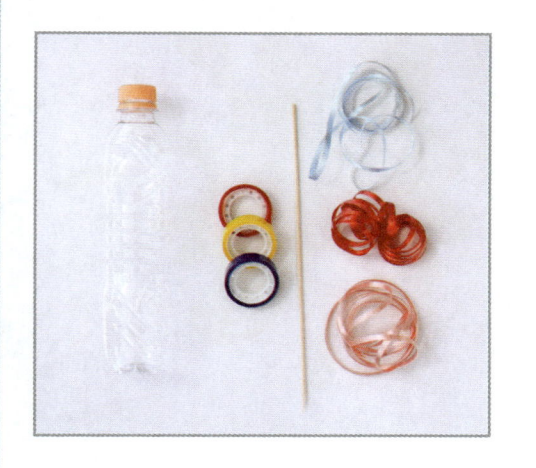

CHOCALHO FEITO COM COPINHOS PLÁSTICOS

FICHA 30
AS FORMAS NA GEOMETRIA

41

AS FORMAS NA GEOMETRIA

FICHA 31

CONFECÇÃO DE UM PORTA-LÁPIS

RECORTE

NOME: _____

CONFECÇÃO DE UM PORTA-LÁPIS

42

FICHA 32
PARTE 1
COLAGEM COM MATERIAIS DIVERSOS

NOME: _____

COLAGEM COM MATERIAIS DIVERSOS

FICHA 32

COLAGEM COM MATERIAIS DIVERSOS

PARTE 2

RECORTE

44

COLAGEM COM MATERIAIS DIVERSOS

FICHA 33

O QUADRADO

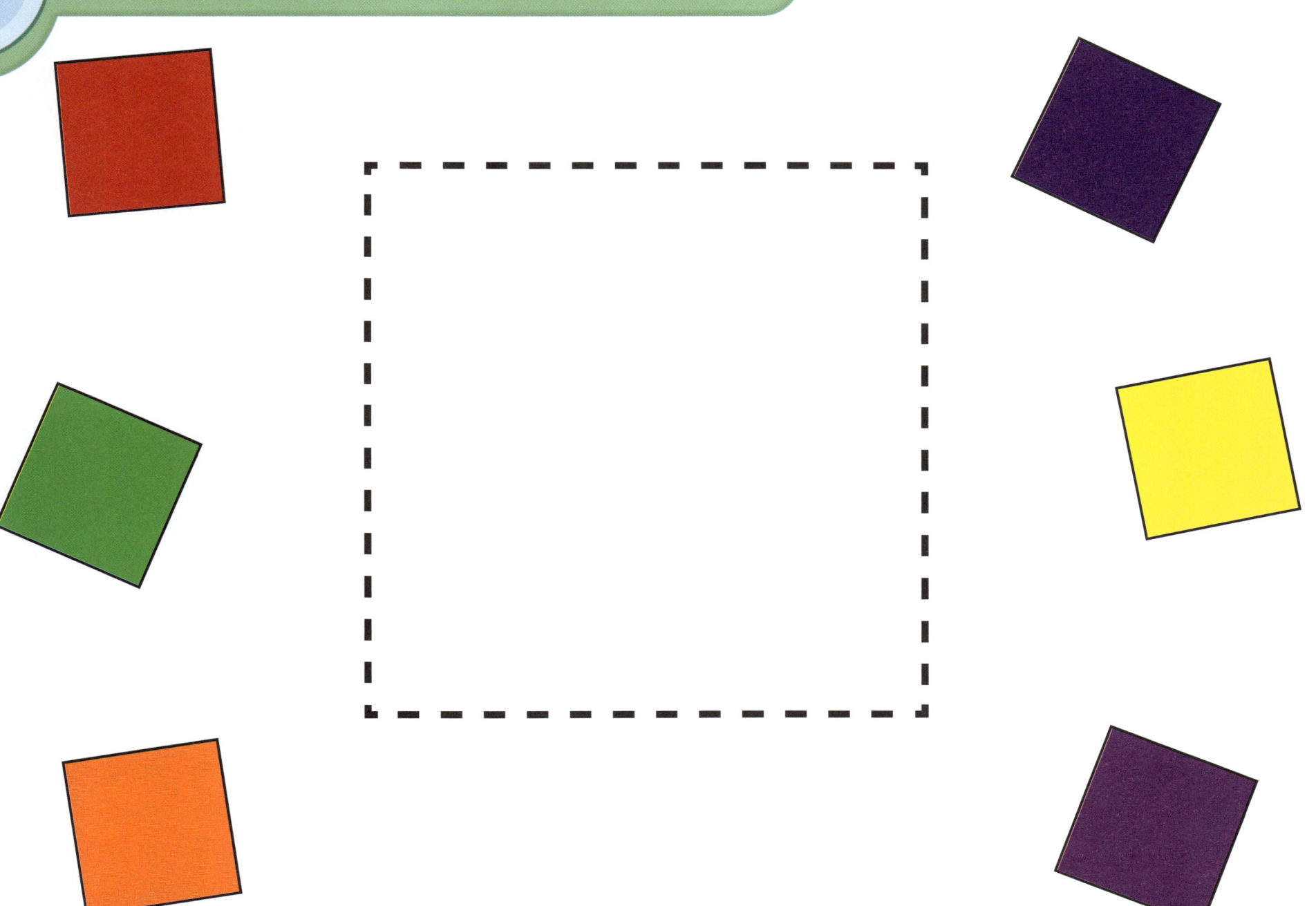

FICHA 34 — PINTURA AO SOM DA MÚSICA

NOME: _____

FICHA 35
PINTURA COM BARBANTE E TINTA PLÁSTICA

NOME: _____

FICHA 36 — O TRIÂNGULO

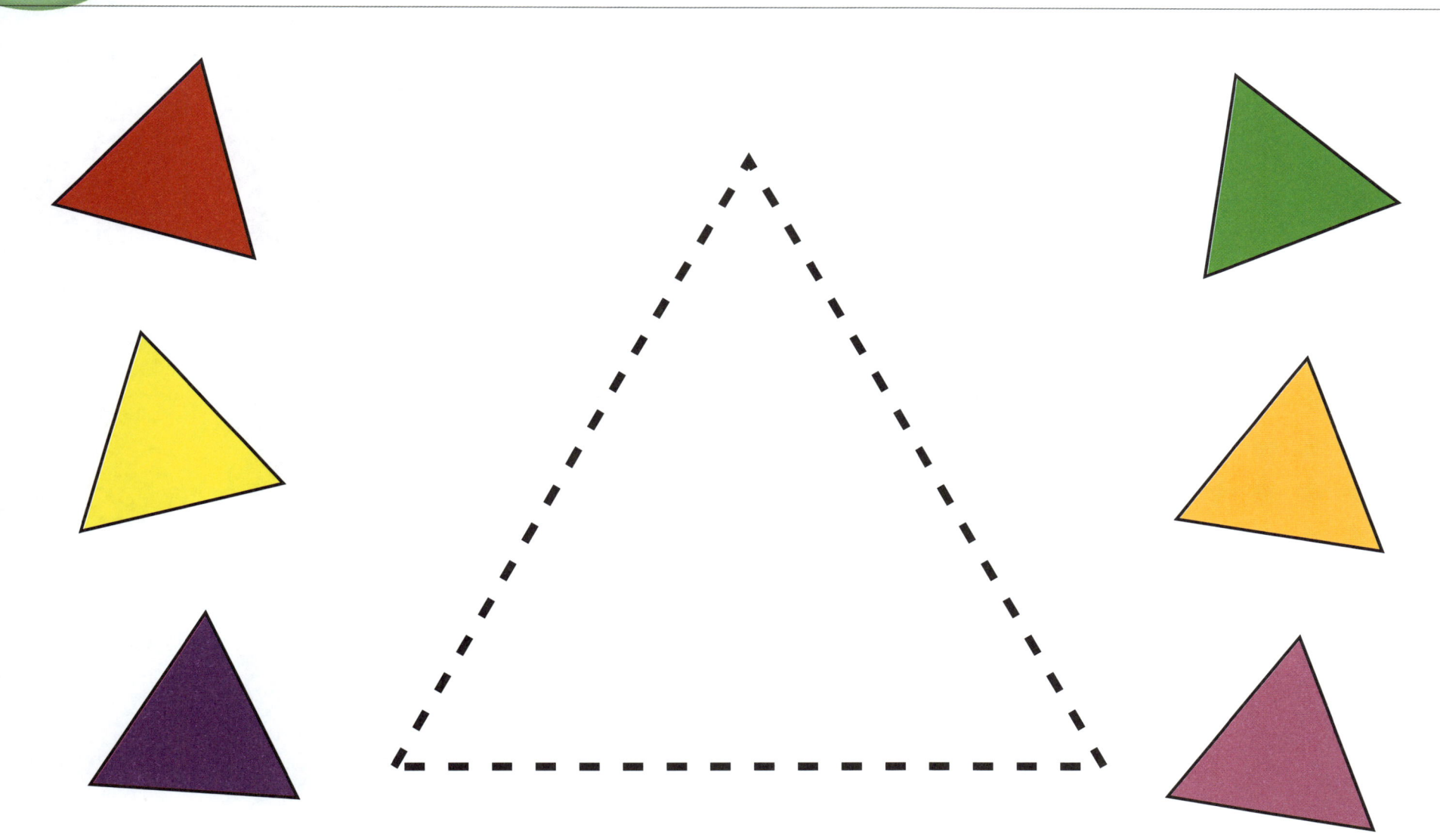

NOME: _____

FICHA 37

A COR ROXA

NOME: _____

49

A COR ROXA

FICHA 38

TRABALHANDO COM LÃ

NOME: _____

TRABALHANDO COM LÃ

FICHA 39

A ARTE DE VINCENT VAN GOGH

CAFÉ TERRAÇO À NOITE (1888), DE VINCENT VAN GOGH. ÓLEO SOBRE TELA, 80,7 cm × 65,3 cm.

KRÖLLER-MÜLLER MUSEUM, OTTERLO, NETHERLANDS

DOZE GIRASSÓIS NUMA JARRA (1888), DE VINCENT VAN GOGH. ÓLEO SOBRE TELA, 91 cm × 72 cm.

NEUE PINAKOTHEK, MUNICH

FICHA 40
FAZENDO ARTE COM VINCENT VAN GOGH

NOME: _____

FICHA 41

TEATRO

FICHA 42

O CÍRCULO

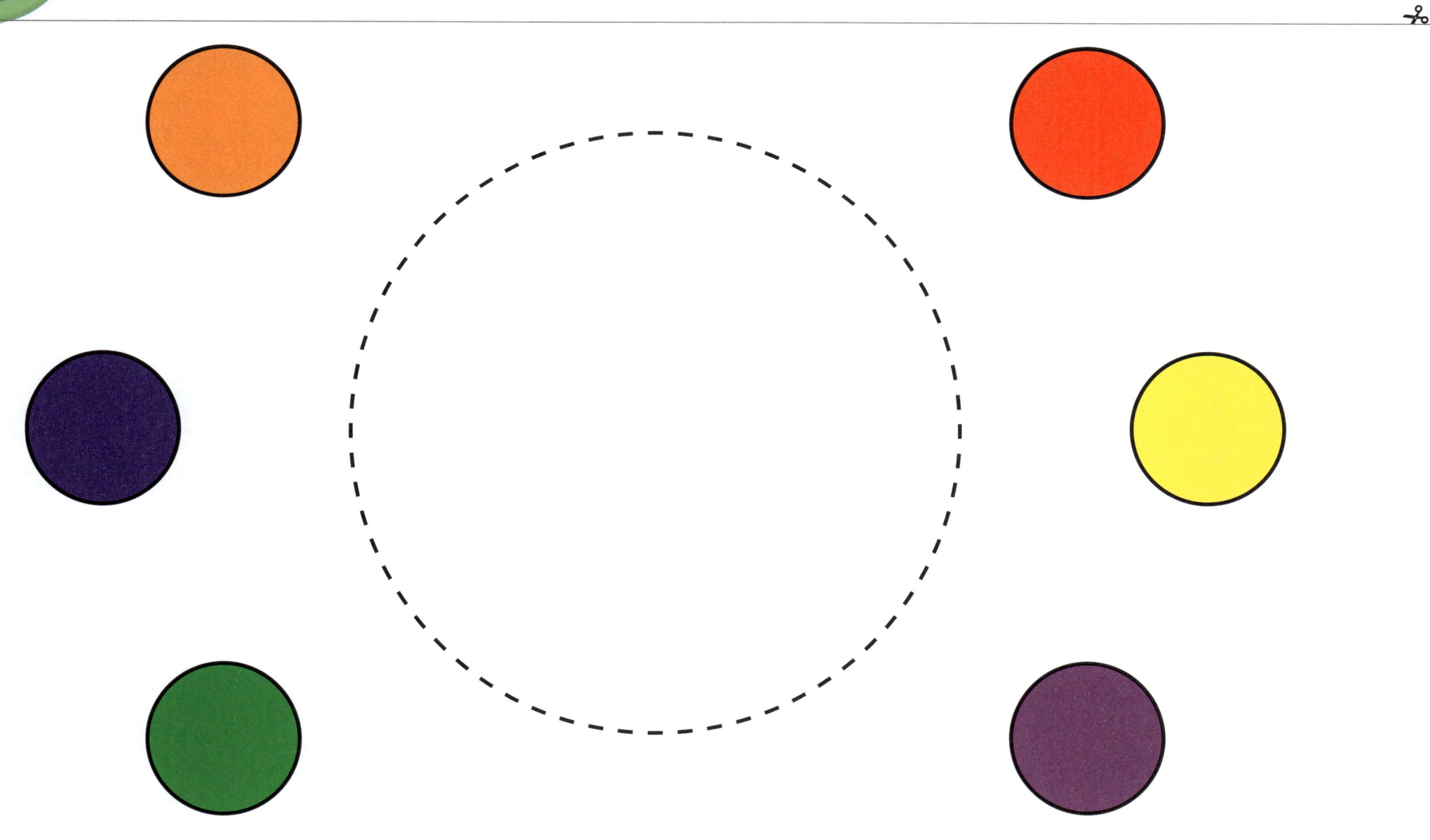

NOME: _____

FICHA 43

LINHAS TRACEJADAS

FICHA 44
DIFERENTES TEXTURAS

NOME: _____

FICHA 45

MÚSICA, RITMO E MOVIMENTO

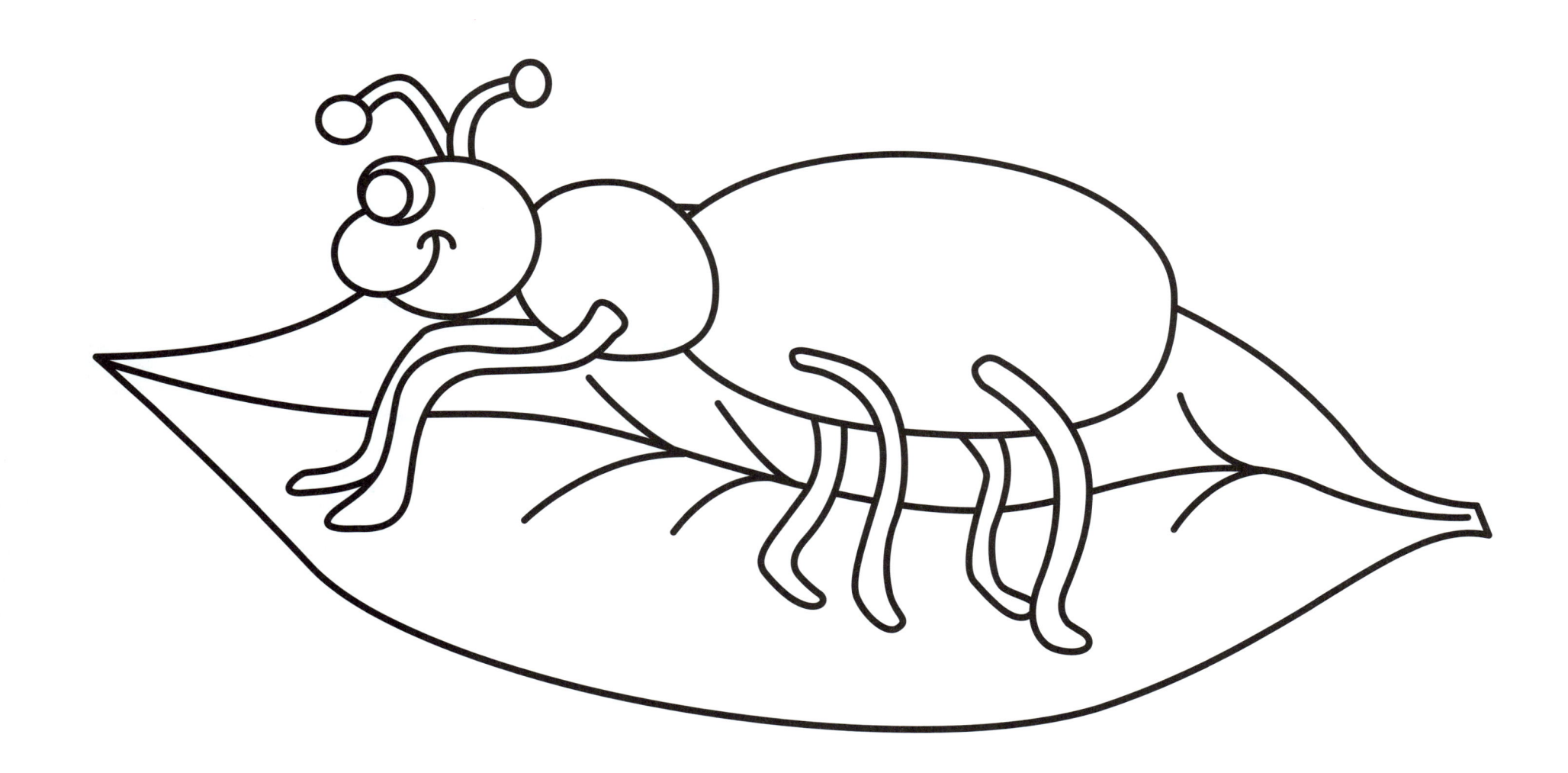

FICHA 46
CONFECÇÃO DE UM PASSARINHO

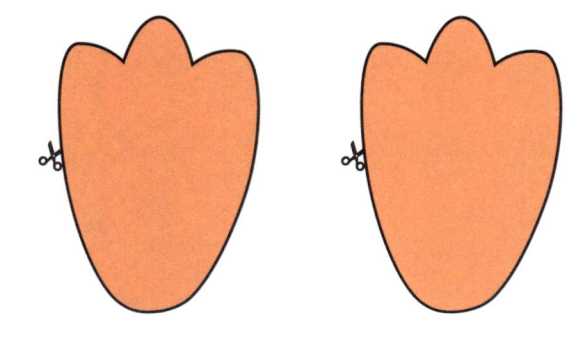

RECORTE

ACERVO DA EDITORA

58

FICHA 47

VAMOS PINTAR AS FIGURAS NA MESMA ORDEM?

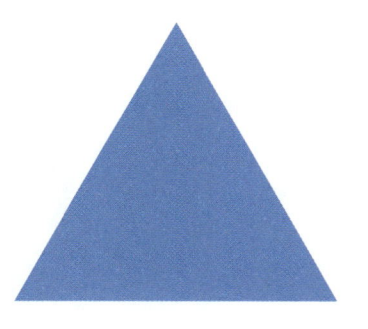

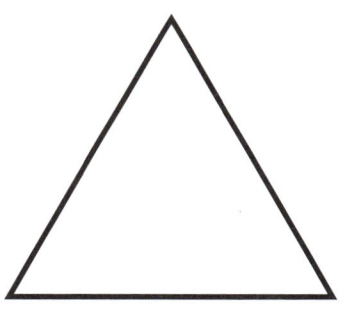

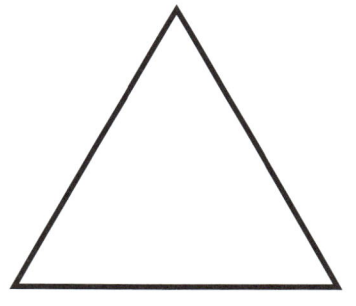

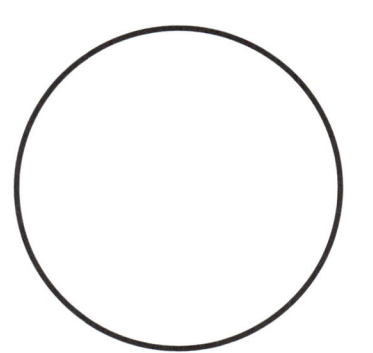

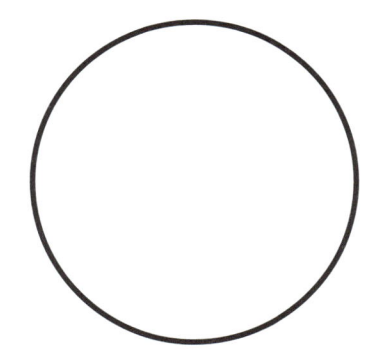

FICHA 48

COMPOSIÇÃO COM MASSA DE MODELAR

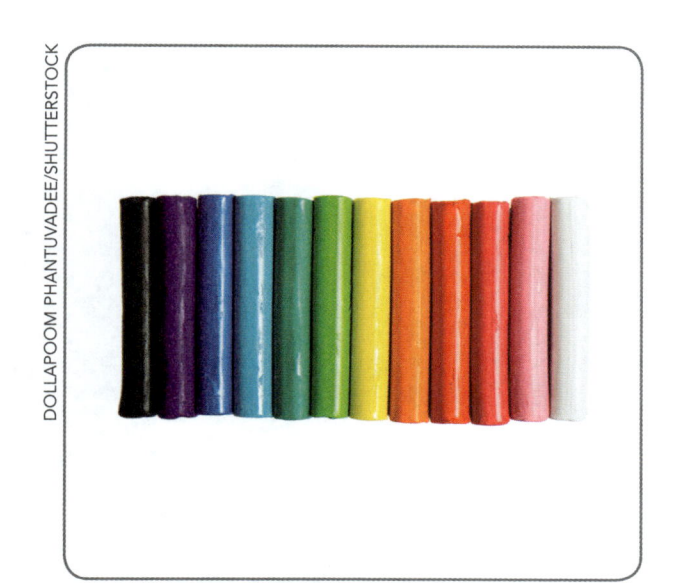

FICHA 49

TÉCNICA MISTA: FITA ADESIVA E PINTURA ESPONJADA

NOME: _____

FICHA 50 — PARTE 1

ORIGAMI: CASA

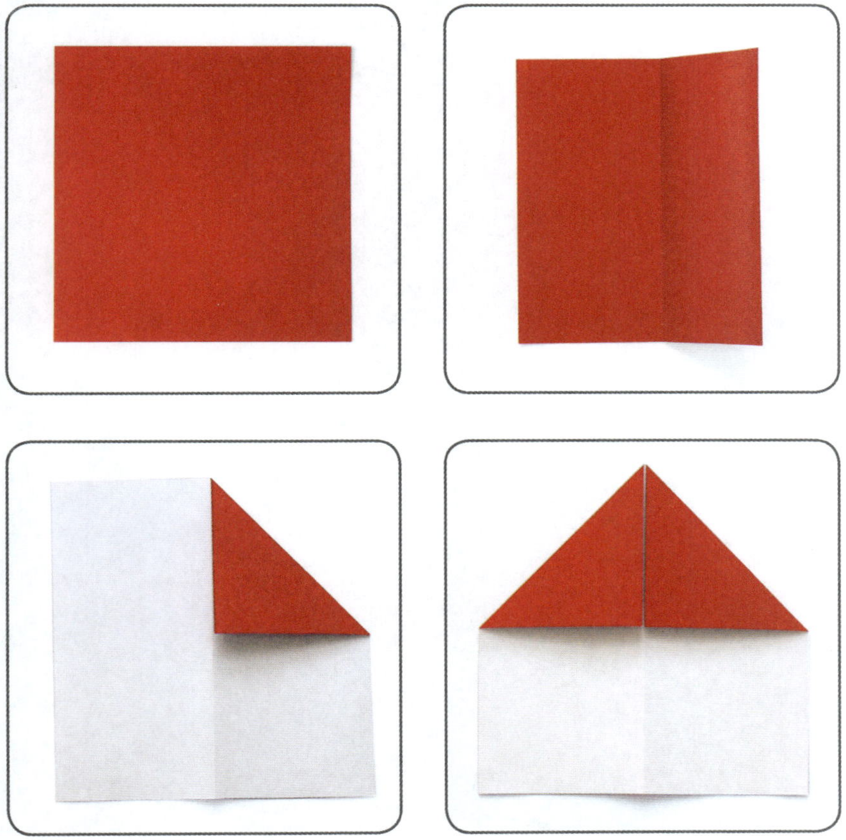

RECORTE

FICHA 50

ORIGAMI: CASA

PARTE 2

NOME: _____

FICHA 51

COLORINDO

Datas comemorativas

OBA, É CARNAVAL!

DATAS COMEMORATIVAS

RECORTE

OBA, É CARNAVAL! 66

A PÁSCOA CHEGOU

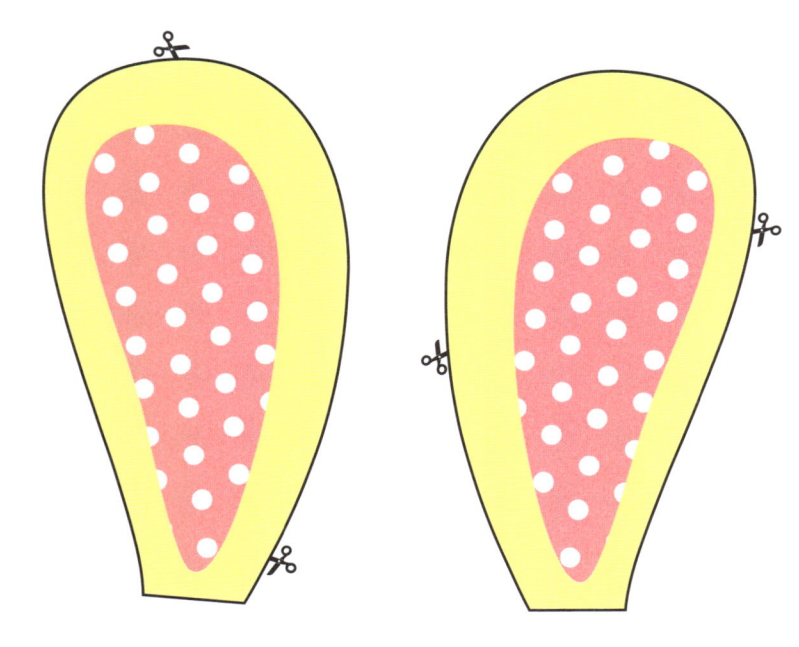

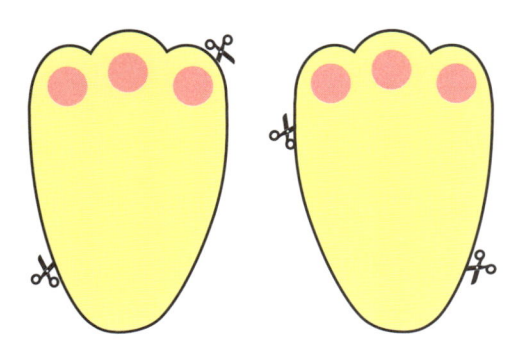

DATAS COMEMORATIVAS

RECORTE

DIA DO ÍNDIO

DATAS COMEMORATIVAS

PARTE 1

MENINAS DA ALDEIA AIHA, QUERÊNCIA (MT).

ADOLESCENTES KALAPALO DA ALDEIA AIHA SE PREPARANDO PARA O JAWARI, UMA SÉRIE DE DISPUTAS ENTRE INDIVÍDUOS DE ETNIAS DIFERENTES.

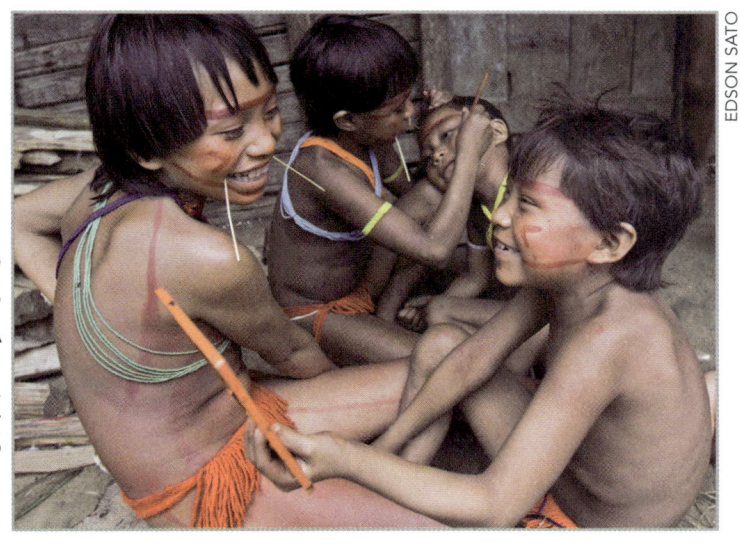

CRIANÇAS YANOMAMIS DA ALDEIA DO DEMINI PINTANDO-SE COM CASCAS DE PAXIÚBA. BARCELOS (AM).

CRIANÇAS DA ETNIA YAWALAPITI BRINCANDO EM MEIO A REVOADA DE BORBOLETAS NA BEIRA DO RIO TUATUARI. GAÚCHA DO NORTE (MT).

DIA DO ÍNDIO 68

DIA DO ÍNDIO

PARTE 2

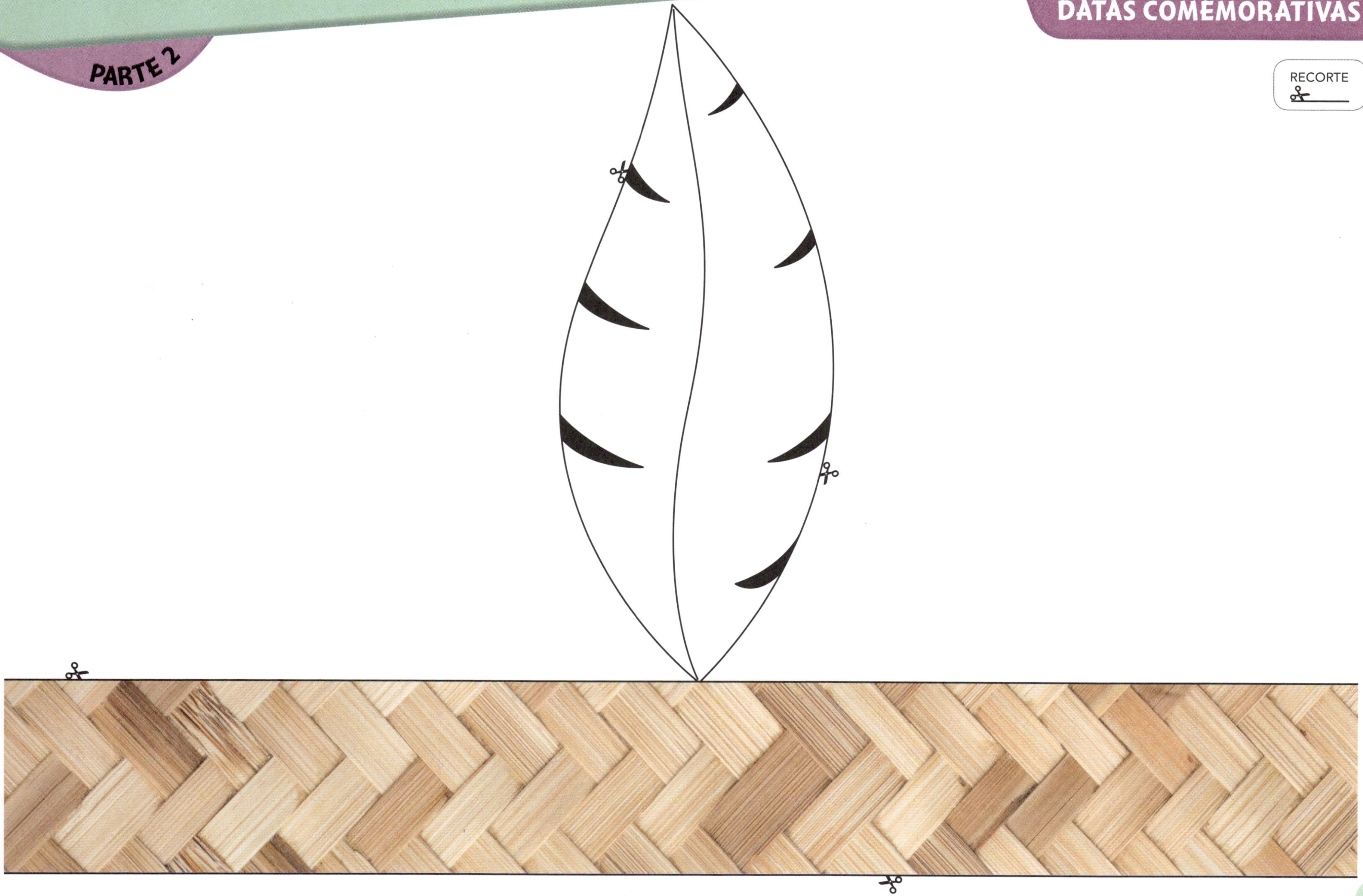

DATAS COMEMORATIVAS

RECORTE

DIA DO ÍNDIO

DIA DAS MÃES

DATAS COMEMORATIVAS

RECORTE

TE AMO, MAMÃE!!!

DIA DOS PAIS

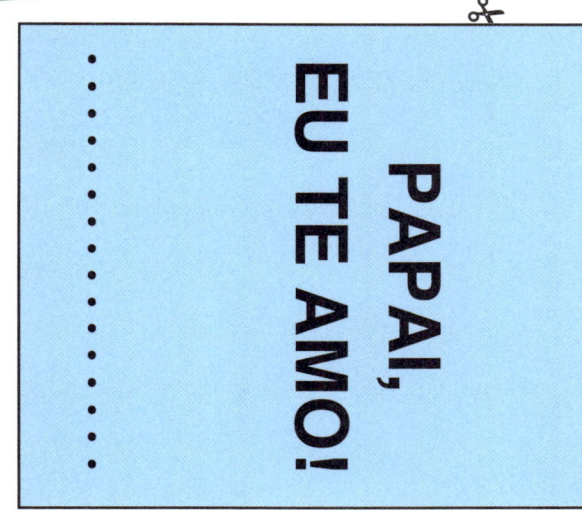

DATAS COMEMORATIVAS

RECORTE

PAPAI, EU TE AMO!

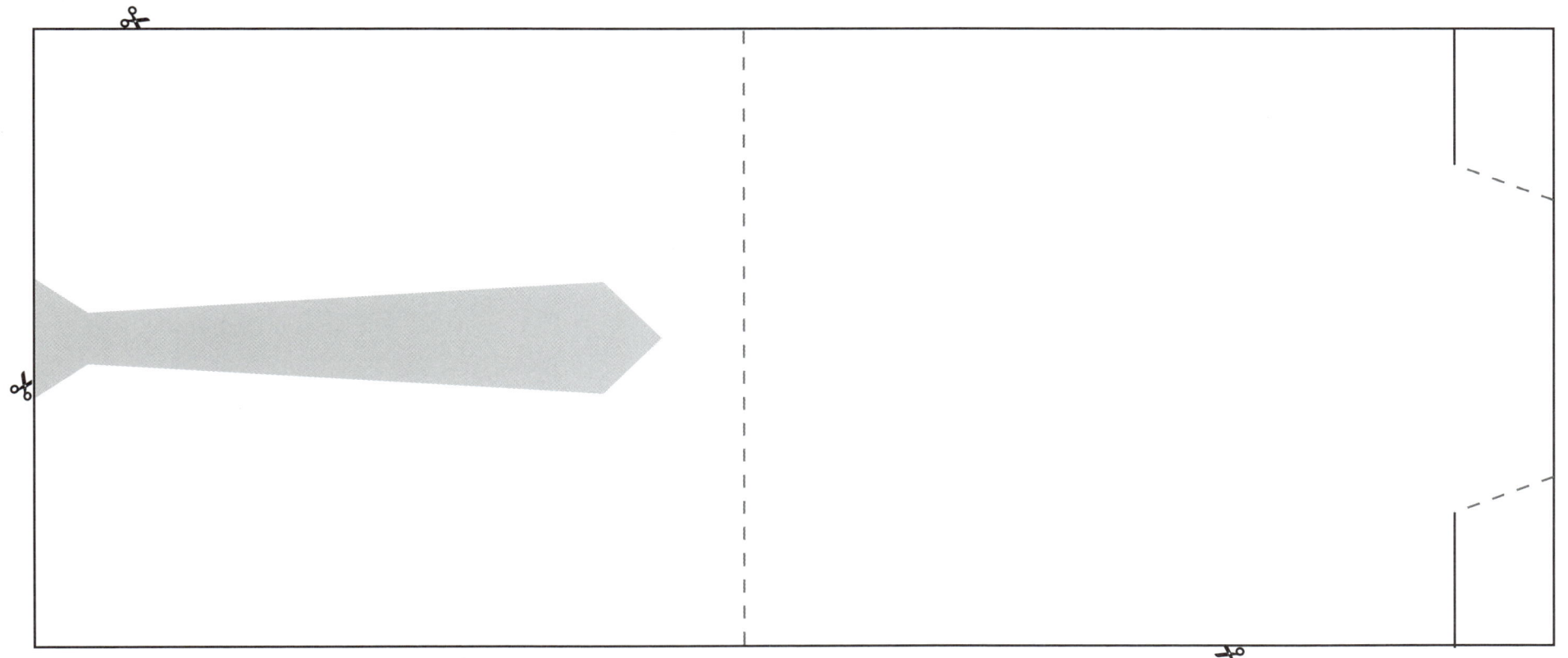

DIA DOS PAIS

É PRIMAVERA

DATAS COMEMORATIVAS

RECORTE

É PRIMAVERA 72

DIA DAS CRIANÇAS

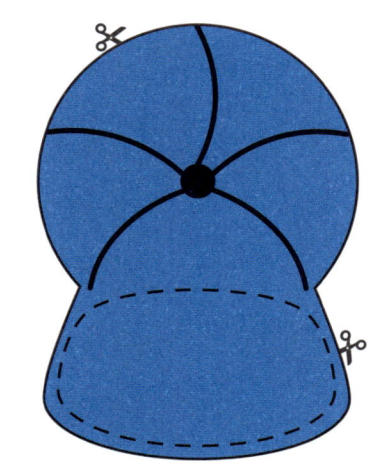

DATAS COMEMORATIVAS

RECORTE

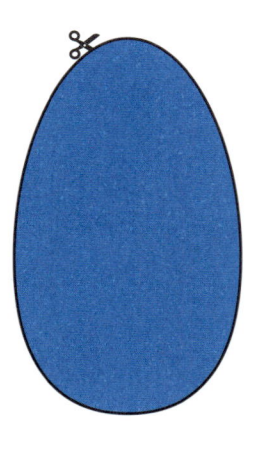

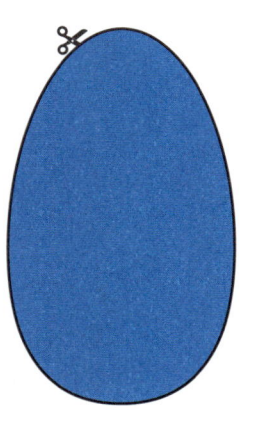

DIA DAS CRIANÇAS

73

O NATAL

DATAS COMEMORATIVAS

RECORTE

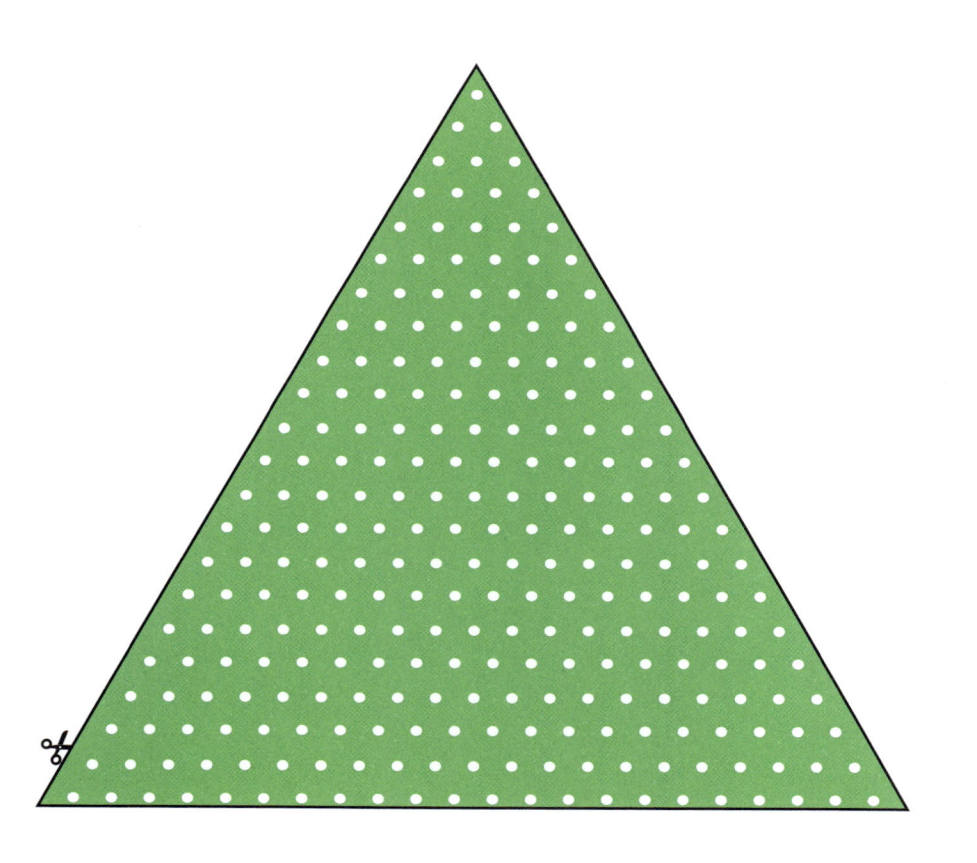